Impressum
Verlag: BABADADA GmbH, Nedderfeld 112 , 22529 Hamburg
Geschäftsführer / Verlagsleitung: Harald Hof
Druck: Books on Demand GmbH, In de Tarpen 42, 22848 Norderstedt

Imprint
Publisher: BABADADA GmbH, Nedderfeld 112 , 22529 Hamburg, Germany
Managing Director / Publishing direction: Harald Hof
Print: Books on Demand GmbH, In de Tarpen 42, 22848 Norderstedt

مدرسه

學校

کلاس درس
教室
تقسیم کردن
除
186/2
تخته
黑板
معلم
老師
کاغذ
紙
نوشتن
書寫
خودکار
筆
میز تحریر
辦公桌
خط کش
直尺
کتاب
書
دانش آموز
學生

کیف مدرسه

書包

جامدادی

鉛筆盒

مداد

鉛筆

تراش

削鉛筆機

پاک کن

橡皮擦

دفتر رسم

畫板

طراحی

圖畫

قلم مو

畫筆

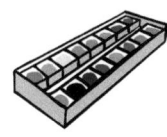

جعبه ی آبرنگ

顏料盒

قیچی

剪刀

چسب

膠水

کتاب تمرین

練習冊

تکلیف خانه

家庭作業

رقم

數字

جمع کردن

加

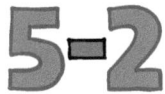

تفریق کردن

減

ضرب کردن

乘

محاسبه کردن

計算

حرف الفبا

字母

الفبا

字母表

کلمه

字

متن

課文

خواندن

讀

گچ

粉筆

درس

上課

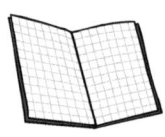

ثبت نام

登記

امتحان

考試

مدرک رسمی

證書

لباس مدرسه

校服

تحصیلات

教育

دانشنامه

百科全書

دانشگاه

大學

میکروسکوپ

顯微鏡

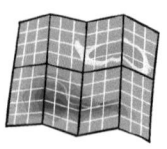

نقشه

地圖

سبد کاغذ باطله

廢紙簍

هتل
飯店
مسافرخانه
青年旅社
صرافی
外幣兌換處
چمدان
手提箱
اتومبیل
汽車

زبان
語言

بله / خیر
是/否

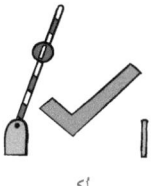

اُکی
好的

سلام
您好

مترجم
翻譯人員

ممنون
謝謝

قیمت ... چه قدر است؟

......多少錢？

من متوجه نمی شوم

我不明白

مشکل

問題

عصر بخیر! / شب بخیر!

晚上好！

صبح بخیر!

早上好！

شب بخیر!

晚安！

خدانگهدار

再見

جهت

方向

بار سفر

行李

کیف

包

کوله پشتی

背包

مهمان

客人

اتاق

房間

کیسه خواب

睡袋

خیمه

帳篷

مرکز راهنمای گردشگران

旅行資訊

ساحل

海灘

کارت اعتباری

信用卡

صبحانه

早餐

نهار

午餐

شام

晚餐

بلیط

票

آسانسور

電梯

مهر

郵票

مرز

邊界

گمرک

海關

سفارتخانه

大使館

ویزا

簽證

گذرنامه

護照

حمل و نقل

交通運送

هواپیما
飛機
کشتی
船
ماشین آتش نشانی
消防車
اتوبوس
公車
کامیون
卡車
قایق موتوری
汽艇
دوچرخه
腳踏車
اتومبیل
汽車

کشتی مسافربری

渡輪

قایق

小船

موتورسیکلت

機車

ماشین پلیس

警車

ماشین مسابقه

賽車

ماشین کرایه ای

租車

به اشتراک گذاری اتوموبیل

拼車

جرثقیل

拖車

ماشین حمل زباله

垃圾車

موتور

馬達

بنزین

汽油

پمپ بنزین

加油站

تابلو راهنمایی و رانندگی

交通標識

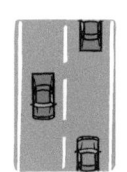

عبور و مرور

交通

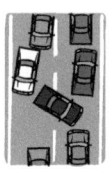

ترافیک

交通堵塞

پارکینگ

停車場

ایستگاه قطار

火車站

ریل راه آهن

軌道

قطار

火車

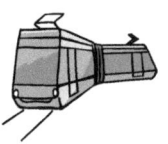

قطار برقی

路面電車

واگن

客車廂

هلیکوپتر

直升機

فرودگاه

機場

برج

塔

مسافر

乘客

کانتینر

集裝箱

کارتن

紙板箱

گاری

手推車

سبد

籃子

به پرواز درآمدن / فرود آمدن

起飛/降落

شهر

城市

دهکده

村莊

مرکز شهر

市中心

خانه

房子

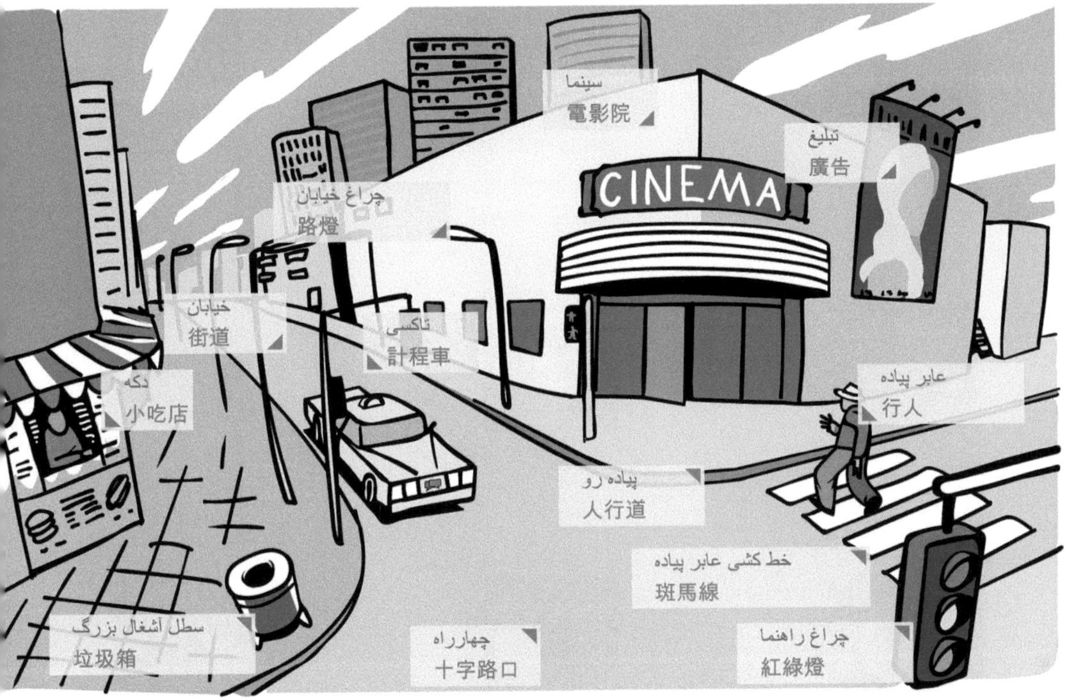

CINEMA
سینما
電影院
تبلیغ
廣告
چراغ خیابان
路燈
خیابان
街道
تاکسی
計程車
دکه
小吃店
عابر پیاده
行人
پیاده رو
人行道
خط کشی عابر پیاده
斑馬線
سطل آشغال بزرگ
垃圾箱
چهارراه
十字路口
چراغ راهنما
紅綠燈

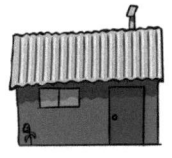

کلبه

小屋

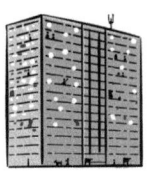

آپارتمان

公寓

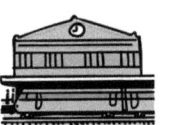

ایستگاه قطار

火車站

ساختمان شهرداری

市政廳

MUSEUM

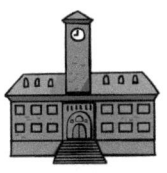

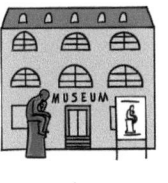

موزه

博物館

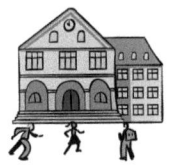

مدرسه

學校

دانشگاه

大學

بانک

銀行

بیمارستان

醫院

هتل

飯店

داروخانه

藥房

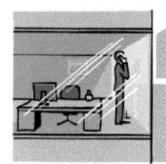

اداره

辦公室

کتابفروشی

書店

مغازه

商店

گل فروشی

花店

سوپرمارکت

超市

بازار

市場

فروشگاه بزرگ

百貨商店

ماهی فروش

魚店

مرکز خرید

購物中心

بندر

海港

پارک

公園

نیمکت

長凳

پل

橋

پله

樓梯

مترو

捷運

تونل

隧道

ایستگاه اتوبوس

公車站

میخانه

酒吧

رستوران

餐館

صندوق پست

郵筒

تابلوی خیابان

路標

دستگاه پارکومتر

停車計時器

باغ وحش

動物園

استخر شنای عمومی

游泳池

مسجد

清真寺

مزرعه

農場

آلودگی محیط زیست

污染

قبرستان

墓地

کلیسا

教堂

زمین بازی

操場

معبد

寺廟

چشم انداز
地形

برگ
樹葉

تابلوی راهنمای مسیر
指示牌

راه
路

چمنزار
草地

سنگ
石頭

درخت
樹

راه نورد
徒步旅行者

رودخانه
河

چمن
草

گل
花

دره

峽谷

تپه

丘陵

دریاچه

湖

جنگل

森林

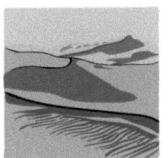

بیابان

沙漠

کوه آتشفشان

火山

قلعه

城堡

رنگین کمان

彩虹

قارچ

蘑菇

درخت نخل

棕櫚樹

پشه

蚊子

مگس

蒼蠅

مورچه

螞蟻

زنبور

蜜蜂

عنکبوت

蜘蛛

سوسک
甲蟲

قورباغه
青蛙

سنجاب
松鼠

جوجه تیغی
刺蝟

خرگوش صحرایی
野兔

جغد
貓頭鷹

پرنده
鳥

قو
天鵝

گراز
野豬

گوزن نر
鹿

گوزن شمالی
麋鹿

سد آب
水壩

توربین بادی
風力發電機

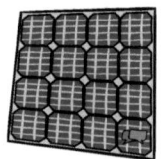

صفحه ی خورشیدی
太陽能電池板

آب و هوا
氣候

رستوران
餐館

服務生
منوی غذا
菜譜
صندلی
椅子
سوپ
湯
پیتزا
披薩餅
سرویس کارد و قاشق و چنگال
رومیزی
桌布

پیش‌غذا
前菜

غذای اصلی
主菜

دسر
甜點

نوشیدنی ها
飲料

غذا
食物

بطری
瓶子

فست فود

速食

اغذیه خیابانی

街邊小吃

قوری

茶壺

قندان

糖盒

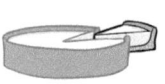

پُرس غذا

一份飯菜

دستگاه اسپرسو

義式咖啡機

صندلی پایه بلند غذاخوری بچه

高腳椅

صورتحساب

帳單

سینی

托盤

چاقو

刀

چنگال

餐叉

قاشق

勺子

قاشق چایخوری

茶匙

دستمال سفره

餐巾

لیوان

玻璃杯

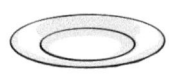

بشقاب

碟子

بشقاب سوپخوری

湯盤

نعلبکی

碟子

سس

醬

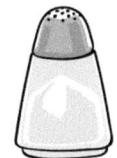

نمکدان

鹽瓶

فلفل ساب

胡椒研磨罐

سرکه

醋

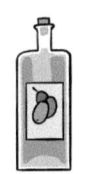

روغن خوراکی

食用油

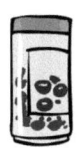

ادویه جات

調味料

سس کچاپ

番茄醬

سس خردل

芥末

سس مایونز

美乃滋

سوپرمارکت

超市

پیشنهاد ویژه
特價
مشتری
顧客
لبنیات
乳製品
میوه جات
水果
چرخ دستی خرید
購物車

قصابی

肉鋪

نانوایی

麵包店

وزن کردن

稱重

سبزیجات

蔬菜

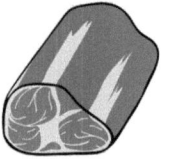

گوشت

肉

غذای منجمد

冷凍食品

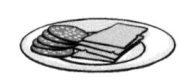

مخلوطی از انواع کالباس یا پنیر ک
ورقه ای بریده شده باشند

冷盤

غذای کنسروی

罐頭食品

پودر لباسشویی

洗衣粉

شیرینی جات

甜食

لوازم خانگی

日用品

ماده شوینده و پاک کننده

清潔用品

فروشنده

銷售員

صندوق پرداخت

收銀機

صندوقدار

收銀員

لیست خرید

購物清單

ساعات کار

開放時間

کیف پول

錢包

کارت اعتباری

信用卡

کیف

袋子

کیسه ی پلاستیکی

塑膠袋

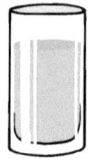

نوشیدنی ها

飲料

آب

水

آبمیوه

果汁

شیر

牛奶

نوشابه کوکاکولا

可樂

شراب

紅酒

آبجو

啤酒

الکل

酒

کاکائو

可可

چای

茶

قهوه

咖啡

قهوه اسپرسو

義式濃縮咖啡

کاپوچینو

卡布奇諾

غذا

食物

موز

香蕉

سیب

蘋果

پرتقال

柳丁

انواع هندوانه و خربزه

西瓜

لیمو

檸檬

هویج

胡蘿蔔

سیر

大蒜

نی بامبو

竹子

پیاز

洋蔥

قارچ

蘑菇

آجیل

堅果

ماکارونی

麵條

اسپاگتی

義大利麵

برنج

米飯

سالاد

沙拉

سیب زمینی سرخ کرده

薯條

سیب زمینی سرخ شده

炸馬鈴薯

پیتزا

披薩餅

همبرگر

漢堡

ساندویچ

三明治

شنیتسل

炸豬排

ژامبون خوک

火腿

سالامی

義大利臘腸

سوسیس

香腸

مرغ

雞肉

نوعی گوشت سرخ شده

烤肉

ماهی

魚

جوی پرک شده

燕麥片

نوعی صبحانه مخلوطی از برگه ذرت و
میوه های خشک شده و خشکبار که
معمولا با شیر خورده می شود

木斯里

کورن‌فلکس

玉米片

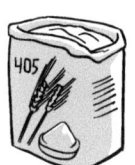

آرد

麵粉

کرواسان

牛角麵包

نان بروتشن

麵包捲

نان

麵包

نان تست

吐司

بیسکویت

餅乾

کره

奶油

کشک

凝乳

کیک

蛋糕

تخم مرغ

蛋

تخم مرغ نیمرو

煎蛋

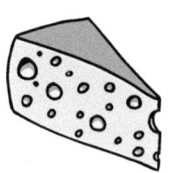

پنیر

起司

بستنی

冰淇淋

شکر

糖

عسل

蜂蜜

مربا

果醬

کرم شکلاتی بادامی

巧克力醬

ادویه کاری

咖哩

مزرعه

農場

خانه ی مزرعه داران
انبار غله
糧倉
稻草捆
مزرعه
田野
اسب
馬
ماشین یدک کش
拖車
تراکتور
拖拉機
کره اسب
馬駒
خر
驢
گوسفند
羊
بره
羔羊

بز

山羊

گاو ماده

奶牛

گوساله

小牛

خوک

豬

بچه خوک

小豬

گاو نر

公牛

غاز

鵝

اردک

鴨

جوجه

小雞

مرغ

母雞

خروس

公雞

موش صحرايی

鼠

گربه

貓

موش

老鼠

گاو نر اخته

牛

سگ

狗

لانه ی سگ

狗屋

شلنگ باغبانی

花園澆水軟管

آبپاش

澆水壺

داس دسته بلند

長柄大鐮刀

گاوآهن

犁

داس

鐮刀

کج بیل

鋤頭

چنگک باغبانی

長柄草耙

تبر

斧頭

فرقون

獨輪手推車

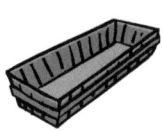

آبشخور

飼料槽

بطری نگهداری شیر

牛奶罐

کیسه

麻布袋

حصار

柵欄

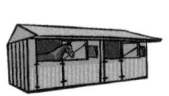

اصطبل

馬廄

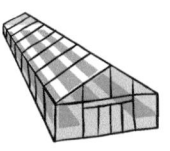

گلخانه

溫室

خاک

土壤

بذر

種子

کود

肥料

ماشین کمباین

聯合收割機

برداشت کردن محصول

收割

محصول

收割

تمیس

地瓜

گندم

小麥

سویا

大豆

سیب زمینی

土豆

ذرت

玉米

کلزا

油菜籽

درخت میوه

果樹

گیاه مانیوک

樹薯

غلات

穀物

خانه

房子

دودکش
煙囪
پشت بام
屋頂
ناودان
落水管
پنجره
窗戶
گاراژ
車庫
زنگ در
門鈴
در
門
سطل آشغال
垃圾桶
صندوق مراسلات
信箱
باغ
花園

اتاق نشیمن

客廳

حمام

浴室

آشپزخانه

廚房

اتاق خواب

臥室

اتاق بچه

兒童房

ناهارخوری

餐廳

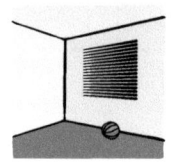

كف زمين

地板

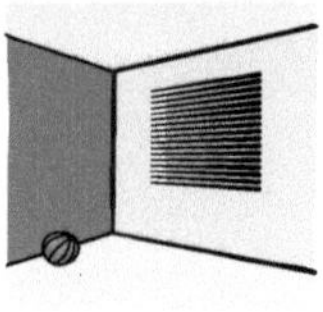

ديوار

牆壁

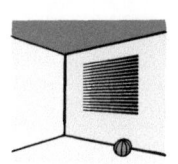

سقف

天花板

زيرزمين

地窖

سونا

三溫暖

بالکن

陽臺

تراس

露臺

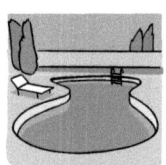

استخر

游泳池

ماشين چمنزنى

割草機

ملافه

被單

روتختى

床罩

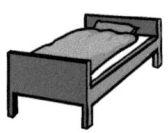

تخت خواب

床

جارو

掃帚

سطل

水桶

سويچ يا كليد

開關

اتاق نشیمن

客廳

کاغذ دیواری
壁紙
عکس
相片
لامپ
檯燈
قفسه
擱架
کابینت
櫥櫃
تلویزیون
電視
شومینه
壁爐
گل
花
کوسن
墊子
کاناپه
沙發
گلدان
花瓶
کنترل تلویزیون و ویدئو و غیره
遙控器

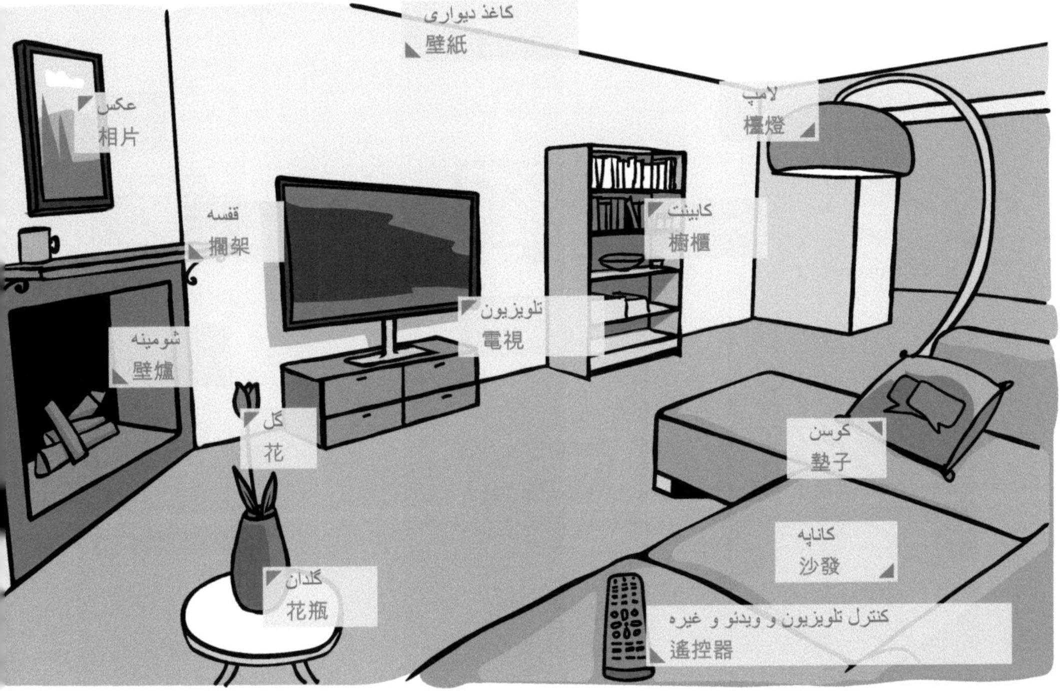

فرش

地毯

پرده

窗簾

میز

餐桌

صندلی

椅子

صندلی گهواره ایی

搖椅

صندلی راحتی

扶手椅

كتاب

書

لحاف

毯子

دكوراسيون

裝飾品

هيزم

木柴

فيلم

電影

دستگاه ضبط صوت

高傳真音響

كليد

鑰匙

روزنامه

報紙

تابلو نقاشى

油畫

پوستر

海報

راديو

收音機

دفترچه يادداشت

筆記本

جاروبرقى

吸塵器

كاكتوس

仙人掌

شمع

蠟燭

آشپزخانه
廚房

یخچال
冰箱
ماکروویو
微波爐
烤麵包機
ماده شوینده و پاک کننده
洗潔精
فر خوراک پزی
烤箱
جایخی
冰櫃
سطل آشغال
垃圾桶
ماشین ظرفشویی
洗碗機

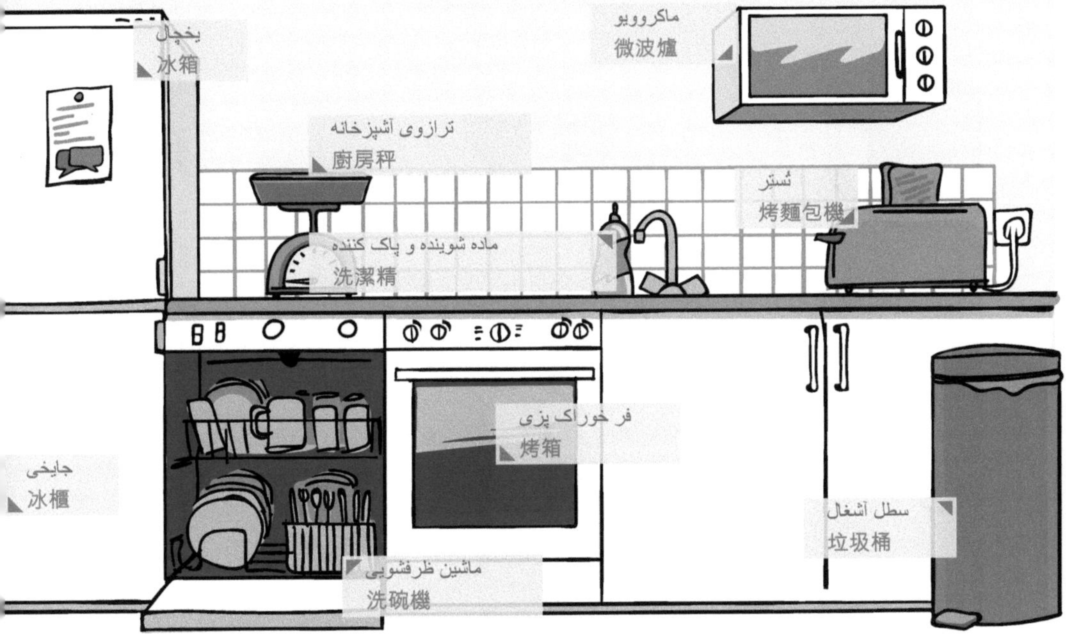

اجاق گاز

炊具

قابلمه

鍋

قابلمه چدنی

鑄鐵鍋

ماهی تابه گود

炒鍋

ماهی تابه

平底鍋

کتری

水壺

بخارپز

蒸鍋

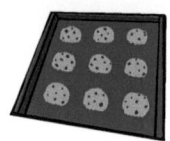

سینی فر

烤盤

ظرف چینی آشپزخانه

陶瓷鍋

لیوان

馬克杯

کاسه

碗

چاپستیک

筷子

ملاقه

長柄勺

کفگیر

鏟子

همزن

攪拌器

آبکش

濾網

آبکش

篩子

رنده

磨碎機

هاون

研缽

باربیکیو

燒烤

محل مخصوص افروختن آتش

明火

تخته گوشت و سبزی

菜板

وردنه

擀麵杖

در بطری بازکن

開瓶器

قوطی

罐子

در قوطی بازکن

開罐器

دستگیره پارچه ای

隔熱手套

سینک ظرفشویی

水槽

برس گردگیری

刷子

اسفنج

海綿

مخلوط کن

攪拌機

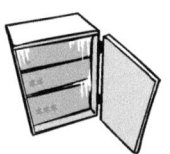

فریزر

冷藏箱

شیشه شیر بچه

奶瓶

شیر آب

水龍頭

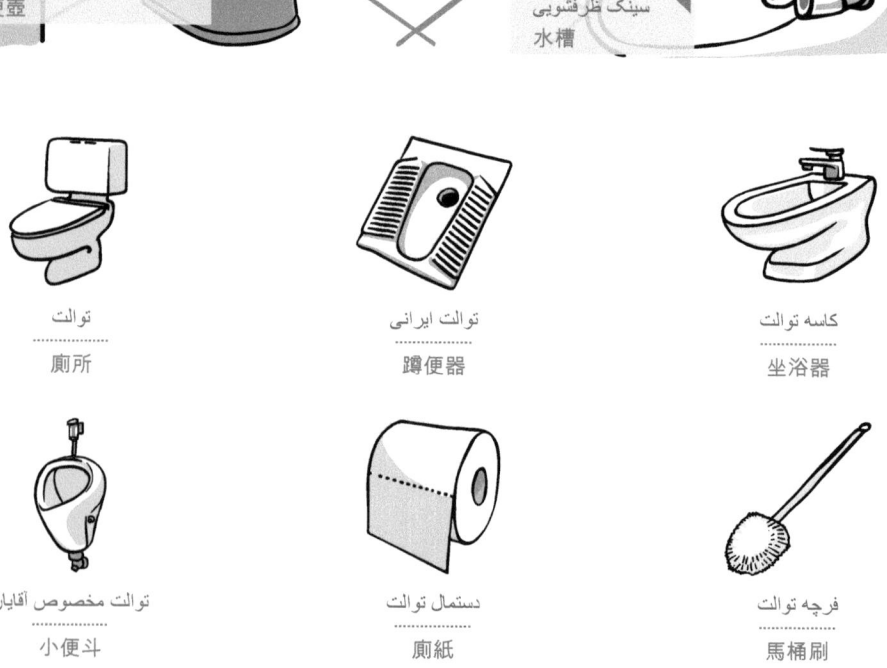

حمام
浴室

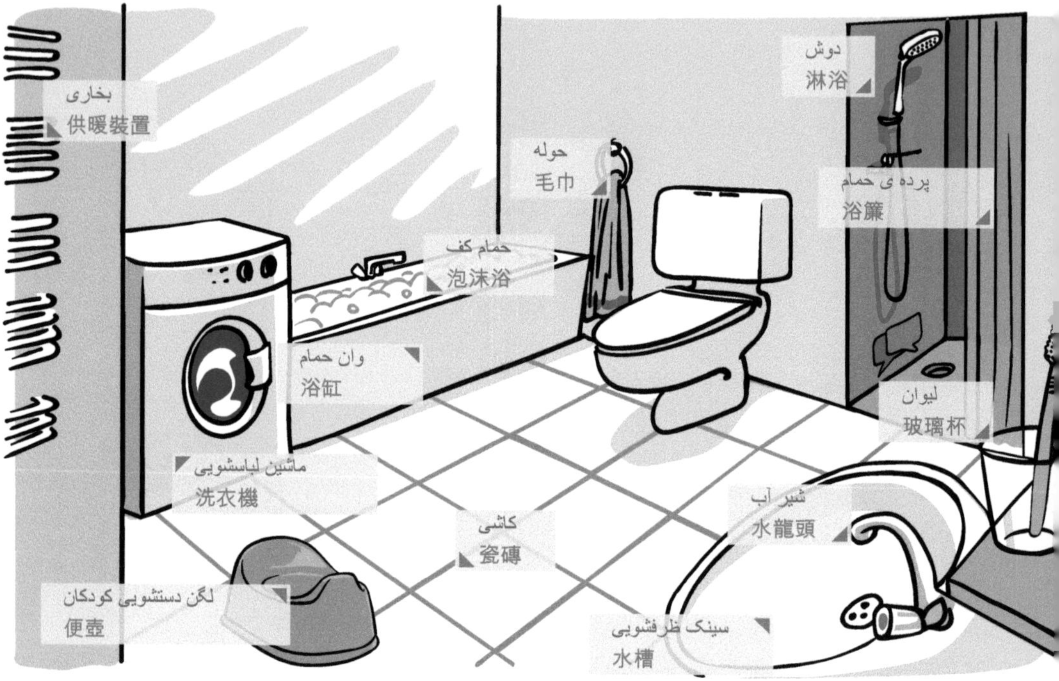

بخاری
供暖裝置
دوش
淋浴
حوله
毛巾
پرده ی حمام
浴簾
حمام کف
泡沫浴
وان حمام
浴缸
لیوان
玻璃杯
ماشین لباسشویی
洗衣機
شیر آب
水龍頭
کاشی
瓷磚
لگن دستشویی کودکان
便壺
سینک ظرفشویی
水槽

توالت

廁所

توالت ایرانی

蹲便器

کاسه توالت

坐浴器

توالت مخصوص آقایان

小便斗

دستمال توالت

廁紙

فرچه توالت

馬桶刷

مسواک

牙刷

خمیردندان

牙膏

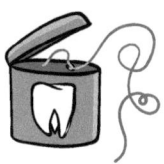

نخ دندان

牙線

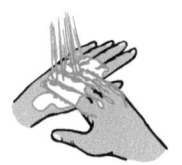

شستن

洗

دوش آب تلفنی

手持式蓮蓬頭

شلنگ توالت

沖洗器

لگن روشویی

洗臉盆

برس شست و شوی پشت

洗背刷

صابون

肥皂

شامپو بدن

沐浴露

شامپو

洗髮乳

لیف حمام

法蘭絨

راه آب

排水

کرم

乳霜

اسپری دئودورانت

除臭劑

آیینه

鏡子

آیینه ی کوچک دستی

手鏡

تیغ ریش تراشی

刮鬍刀

کف ریش‌تراشی

刮鬍泡沫

افترشیو

鬍後水

شانه ی سر

梳子

برس

刷子

سشوار

吹風機

اسپری مو

噴髮定型劑

آرایش

化妝品

رژلب

唇膏

لاک ناخن

指甲油

پنبه

化妝棉

قیچی ناخن

指甲剪

عطر

香水

کیف لوازم آرایشی و بهداشتی

洗漱包

چهارپایه

凳子

ترازو

計重秤

حوله ی پالتویی

浴袍

دستکش ظرفشویی

橡膠手套

تامپون

衛生棉條

نوار بهداشتی

衛生棉

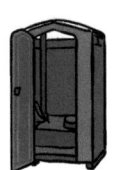

توالت سیار

化學廁所

حمام - 浴室　41

اتاق بچه
兒童房

ساعت زنگدار
鬧鐘
نوعی عروسک نرم به شکل حیوانات
毛絨玩具
ماشین اسباب بازی
玩具車
جغجغه
撥浪鼓
خانه ی عروسکی
玩具屋
کادو
禮物

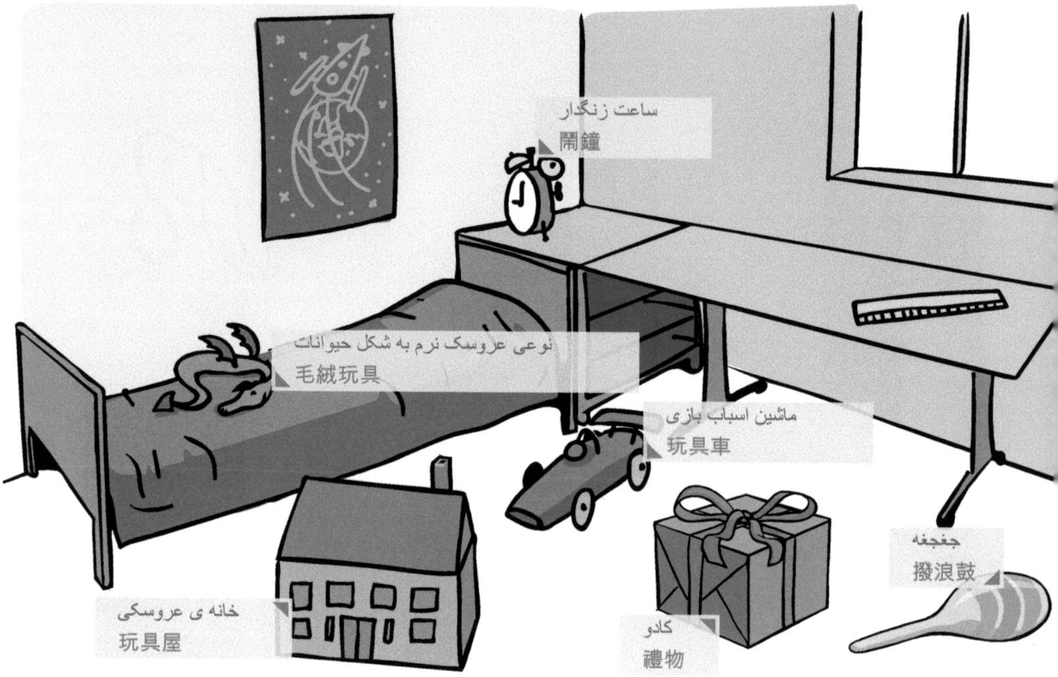

بادکنک
氣球

تخت خواب
床

کالسکه بچه
嬰兒車

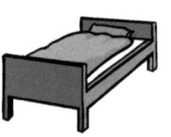

بازی ورق
撲克牌

پازل
拼圖

داستان مصور
漫畫

اسباب بازی لگو

樂高積木

خانه سازی

積木玩具

عروسک شخصیت های فیلم و کارتون

公仔

لباس نوزاد

嬰兒服

فریزبی

飛盤

نوعی اسباب بازی که روی تخت نوزاد
یا کودک نصب می شود

床鈴玩具

بازی روی صفحه

棋盤遊戲

تاس

骰子

قطار اسباب بازی

火車模型

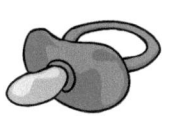

پستانک

安撫奶嘴

مهمانی

派對

کتاب مصور

繪本

توپ

球

عروسک

洋娃娃

بازی کردن

玩

جعبه شنی مخصوص بازی کودکان

沙坑

تاب

鞦韆

اسباب بازی

玩具

کنسول بازی های کامپیوتری

電玩遊戲

سه چرخه

三輪車

خرس عروسکی

泰迪熊

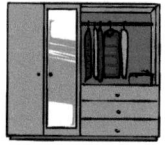

کمد لباس

衣櫃

لباس
衣服

جوراب

襪子

جوراب زنانه ساق بلند

長襪

جوراب شلواری

緊身褲

شال
圍巾

چتر
雨傘

تی شرت
T恤

کمربند
皮帶

پوتین
靴子

دمپایی
拖鞋

کفش ورزشی کتانی
運動鞋

صندل
涼鞋

کفش
鞋

چکمه پلاستیکی
雨靴

شرت
內褲

سوتین
胸罩

جلیقه
背心

لباس - 衣服

بادی

身體

شلوار

褲子

جين

牛仔褲

دامن

短裙

بلوز

女式襯衫

پیراهن

襯衫

پولیور

套頭衫

سویی شرت

連帽上衣

نوعی کت

西裝夾克

ژاکت

夾克

کت بلند

外套

بارانی

雨衣

لباس نمایش

套裝

لباس

連衣裙

لباس عروس

婚紗

کت و شلوار

西裝

لباس خواب زنانه

睡袍

پیژامه

睡衣

ساری

莎麗

روسری

頭巾

عمامه

包頭巾

برقع

波卡

قبا

卡夫坦

عبا

(阿拉伯式)長袍

لباس شنا

泳衣

شرت شنا

男式泳褲

شلوارک

短褲

لباس ورزشی

運動服

پیشبند

圍裙

دستکش

手套

دكمه

鈕扣

عینک

眼鏡

دستبند

手鏈

گردنبند

項鍊

انگشتر

戒指

گوشواره

耳環

كلاه لبه دار

便帽

چوب لباسی

衣架

كلاه

帽子

كراوات

領帶

زیپ

拉鍊

كلاه ایمنی

安全帽

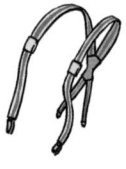

بند شلوار

背帶

لباس مدرسه

校服

لباس فرم

制服

پیش بند بچه
圍兜

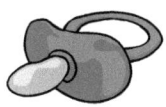

پستانک
安撫奶嘴

پوشک بچه
尿布

اداره
辦公室

سرور
伺服器
کمد نگهداری پرونده
檔案櫃
چاپگر
印表機
مانیتور
螢幕
کاغذ
紙
ماوس
滑鼠
میز تحریر
زونکن
資料夾
صفحه کلید
鍵盤
سبد کاغذ باطله
廢紙簍
کامپیوتر
電腦
صندلی
椅子

لیوان قهوه
咖啡杯

ماشین حساب
計算機

اینترنت
網際網路

لپ تاپ

筆記型電腦

نامه

信件

پيغام

簡訊

تلفن همراه

行動電話

شبکه ی ارتباطی

網路

دستگاه فتوکپی

影印機

نرم افزار

軟體

تلفن

電話

پريز

插座

دستگاه فاکس

傳真機

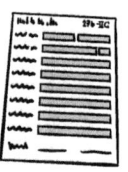

فرم

表格

مدرک

檔案

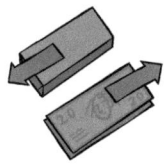

خریدن

買

پرداخت کردن

付錢

تجارت کردن

交易

پول

現金

دلار

美元

یورو

歐元

ین

日元

روبل

盧布

فرانک سوئیس

瑞士法郎

یوان رنمینبی

人民幣

روپیه

盧比

دستگاه خودپرداز

提款處

صرافی

外幣兌換處

طلا

金

نقره

銀

نفت

石油

انرژی

能源

قیمت

價格

قرارداد

合約

مالیات

稅金

سهام سرمایه

股票

کار کردن

工作

کارمند

職員

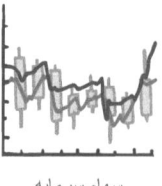

کارفرما

老闆

کارخانه

工廠

مغازه

商店

مشاغل
職業

مامور پلیس
警官
آتش نشان
消防員
آشپز
廚師
دکتر
醫師
خلبان
飛行員

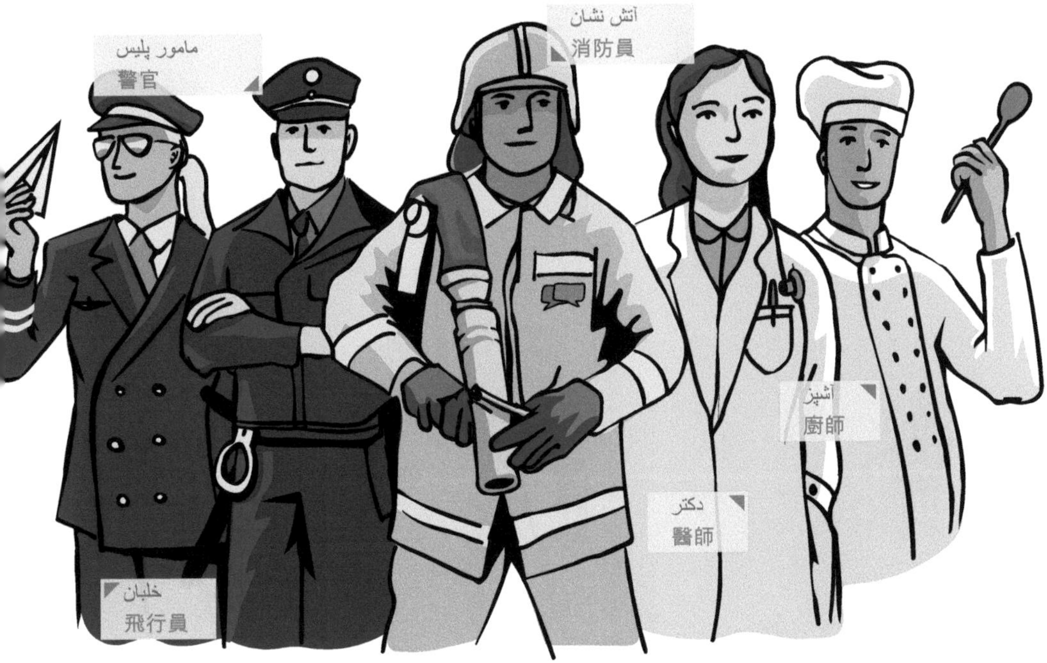

باغبان

園丁

نجار

木匠

خیاط زنانه

裁縫

قاضی

法官

شیمیدان

化學家

بازیگر

演員

راننده اتوبوس

公車司機

راننده تاکسی

計程車司機

ماهیگیر

漁夫

نظافتچی زن

清洗女工

سقف ساز

屋頂工

پیشخدمت رستوران

服務生

شکارچی

獵人

نقاش

畫家

نانوا

麵包師

برقکار

電工

کارگر ساختمانی

建築工人

مهندس

工程師

قصاب

屠夫

لوله کش

水管工

پستچی

郵差

سرباز

士兵

معمار

建築師

صندوقدار

收銀員

گل فروش

花農

آرایشگر

理髮師

مامور کنترل بلیط در قطار

售票員

مکانیک

機械技師

ناخدا

船長

دندانپزشک

牙醫

دانشمند

科學家

عالم یهودی

拉比

امام

伊瑪目

راهب

和尚

کشیش

牧師

ابزارآلات

工具

چکش
鐵錘
انبردست
鉗子
پیچ گوشتی
螺絲起子
آچار
扳手
چراغ قوه
手電筒

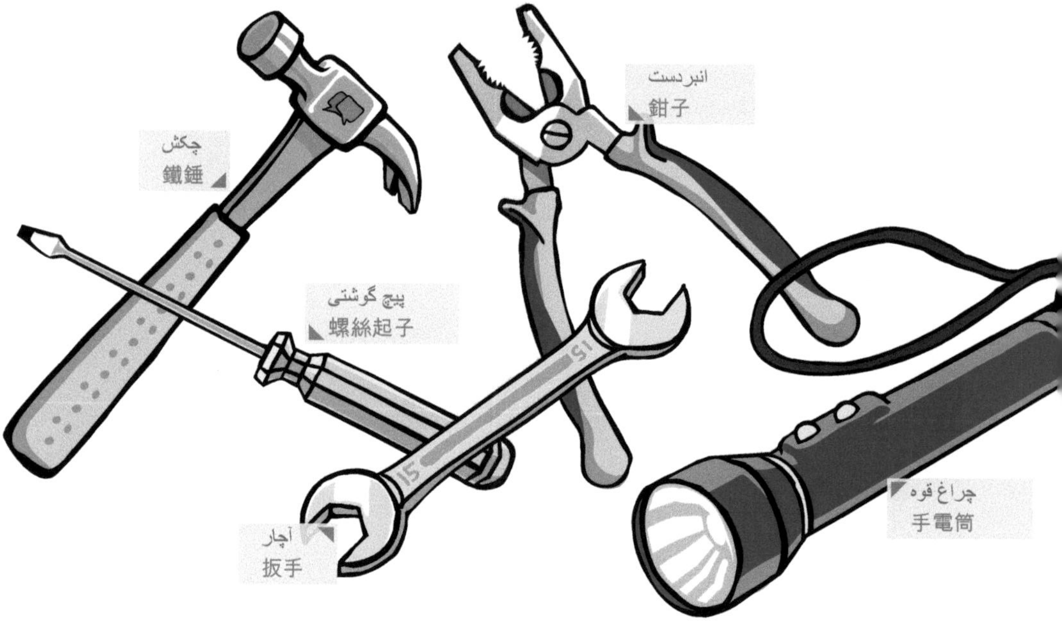

بیل مکانیکی
挖掘機

جعبه ابزار
工具箱

نردبان
梯子

ارّه
鋸子

میخ
釘子

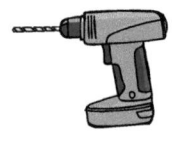

مته
鑽機

تعمیر کردن

修

بیل

鏟子

لعنتی!

糟糕！

خاک انداز

畚箕

سطل رنگرزی

油漆桶

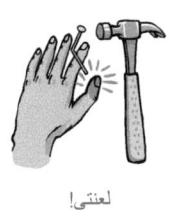

پیچ

螺絲

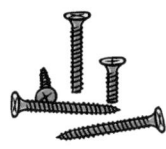

آلات موسیقی
樂器

درامز
打擊樂器

بلندگو
揚聲器

گیتار
吉他

کنترباس
低音提琴

ترومپت
小號

پیانو

鋼琴

ویولن

小提琴

گیتار بیس

貝斯

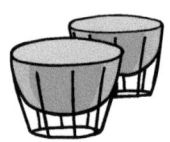

تیمپانی

定音鼓

طبل

鼓

کیبورد الکتریک

電子琴

ساکسیفون

薩克斯風

فلوت

長笛

میکروفون

麥克風

باغ وحش

動物園

ورودی
入口
ببر
老虎
قفس
籠子
گورخر
斑馬
خوراک حیوانات
خرس پاندا
熊貓

حیوانات

動物

فیل

大象

کانگورو

袋鼠

کرگدن

犀牛

گوریل

大猩猩

خرس

熊

شتر

駱駝

شترمرغ

鴕鳥

شیر

獅子

میمون

猴子

فلامینگو

紅鶴

طوطی

鸚鵡

خرس قطبی

北極熊

پنگوئن

企鵝

کوسه

鯊魚

طاووس

孔雀

مار

蛇

تمساح

鱷魚

نگهبان باغ وحش

動物園管理員

خوک آبی

海豹

پلنگ امریکایی

美洲豹

اسب كوچك

矮種馬

پلنگ

豹

اسب آبی

河馬

زرافه

長頸鹿

عقاب

老鷹

گراز

野豬

ماهی

魚

لاک پشت

龜

شیرماهی

海象

روباه

狐狸

غزال

羚羊

ورزش ها
體育

فوتبال آمریکایی
橄欖球
دوچرخه سواری
騎腳踏車
تنیس
網球
بسکتبال
籃球
شنا
游泳
هاکی روی یخ
冰球
بوکس
拳擊

فوتبال
美式足球

بدمینتون
羽毛球

دوومیدانی
田徑

هندبال
手球

اسکی
滑雪

پولو
馬球

فعالیت ها
活動

پریدن
跳
بغل کردن
擁抱
خندیدن
笑
راه رفتن
走路
آواز خواندن
唱
رؤیا دیدن
做夢
دعا کردن
祈禱
بوسیدن
親吻

نوشتن
書寫

رسم کردن
畫

نشان دادن
展示

هل دادن
推

دادن
給

برداشتن
拿

داشتن

有

انجام دادن

做

بودن

當

ایستادن

站

دویدن

跑

کشیدن

拉

پرتاب کردن

丟

افتادن

摔倒

دراز کشیدن

躺

منتظر بودن

等待

حمل کردن

攜帶

نشستن

坐

لباس پوشیدن

穿衣

خوابیدن

睡覺

بیدار شدن

醒來

تماشا کردن

看

گریه کردن

哭

نوازش کردن

擊

شانه کردن

梳頭

حرف زدن

交談

فهمیدن

明白

پرسیدن

問

شنیدن

聽

آشامیدن

喝

خوردن

吃

مرتب کردن

清理

عاشق بودن

愛

پختن

做飯

رانندگی کردن

開車

پرواز کردن

飛

قایقرانی کردن

航行

محاسبه کردن

計算

خواندن

讀

یاد گرفتن

學習

کار کردن

工作

ازدواج کردن

結婚

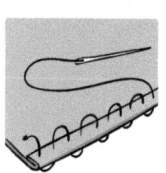

دوختن

縫

مسواک زدن

刷牙

کشتن

殺

سیگار کشیدن

抽菸

فرستادن

寄

خانواده

家

مادربزرگ
祖母
پدربزرگ
祖父
پدر
父親
مادر
母親
کودک
嬰兒
فرزند دختر
女兒
فرزند پسر
兒子

مهمان

客人

خاله، عمه

阿姨

دایی، عمو

叔叔

برادر

兄弟

خواهر

姐妹

بدن

身體

پیشانی
前額
چشم
眼睛
شانه
肩膀
انگشت دست
手指
صورت
臉
چانه
下巴
دست
手
ساق پا
腿
سینه
乳房
بازو
手臂

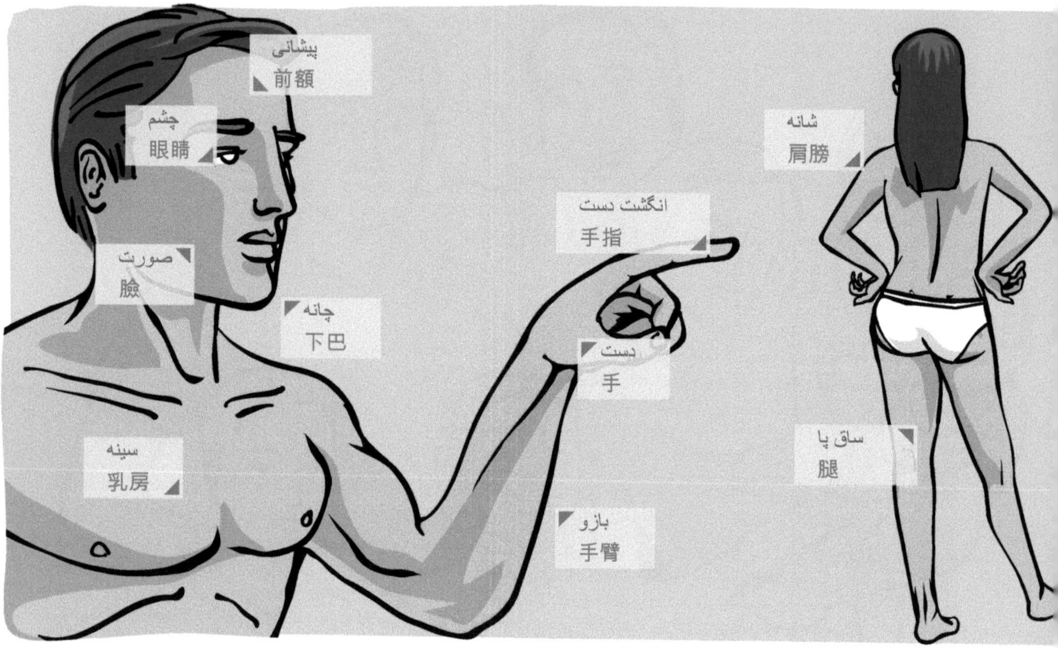

کودک

嬰兒

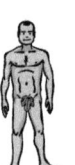

مرد

男人

زن

女人

دختربچه

女孩

پسربچه

男孩

کله

頭

كمر

背部

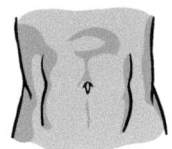

شكم

肚子

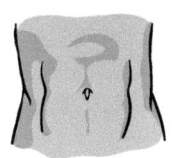

ناف

肚臍

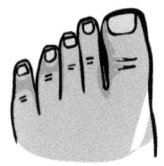

انگشت پا

腳趾

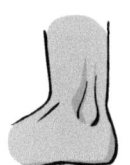

پاشنه

腳後跟

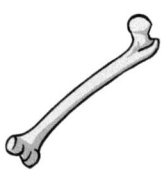

استخوان

骨頭

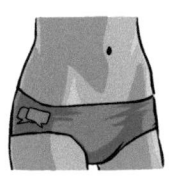

لگن

臀部

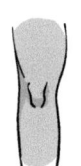

زانو

膝蓋

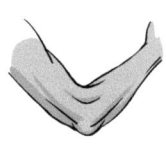

آرنج

手肘

بینی

鼻子

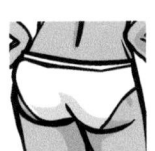

نشیمنگاه

屁股

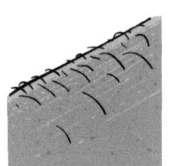

پوست

皮膚

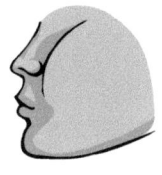

گونه

臉頰

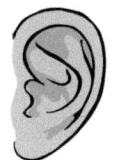

گوش

耳朵

لب

嘴唇

دهان
....
嘴

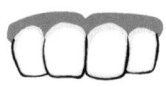

دندان
....
牙齒

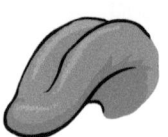

زبان
....
舌頭

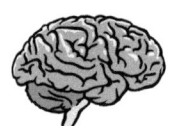

مغز
....
腦

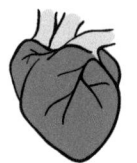

قلب
....
心臟

عضله
....
肌肉

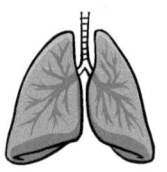

ریه
....
肺

کبد
....
肝臟

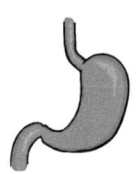

معده
....
胃

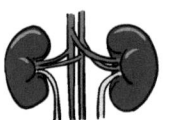

کلیه
....
腎臟

آمیزش جنسی
....
性交

کاندوم
....
保險套

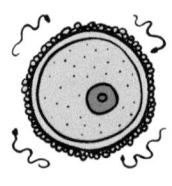

تخمک
....
卵子

اسپرم
....
精子

حاملگی
....
懷孕

بدن - 身體

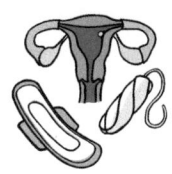

پریود

月事

واژن

陰道

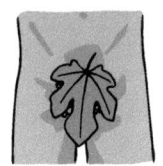

آلت تناسلی مرد

陰莖

ابرو

眉毛

مو

頭髮

گردن

脖子

بیمارستان

醫院

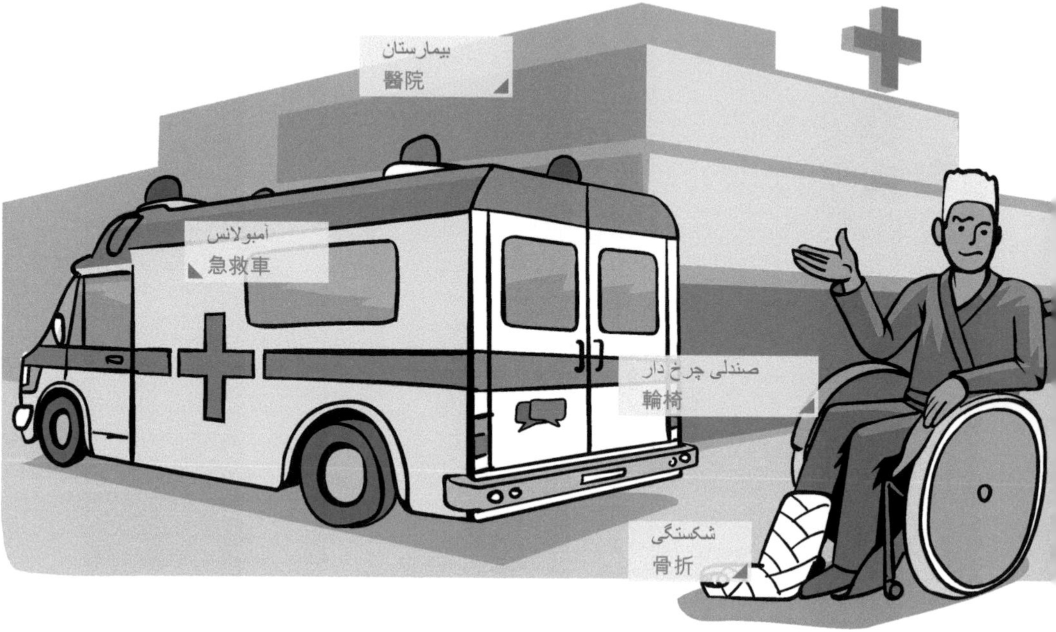

بیمارستان
醫院
آمبولانس
急救車
صندلی چرخ دار
輪椅
شکستگی
骨折

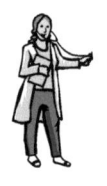

دکتر

醫師

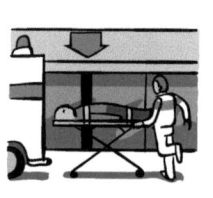

بخش اورژانس

急診室

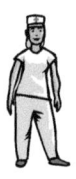

پرستار

護理師

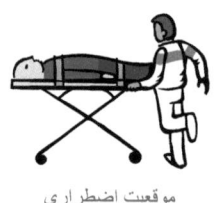

موقعیت اضطراری

緊急情形

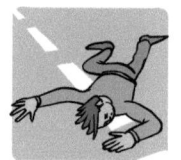

بی هوش

昏迷

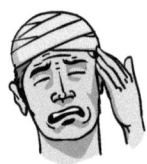

درد

痛

مصدوميت

受傷

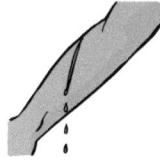

خونريزی

出血

سکته قلبی

心臟病發作

سکته مغزی

中風

آلرژی

過敏

سرفه

咳嗽

تب

發燒

آنفولانزا

流感

اسهال

腹瀉

سردرد

頭痛

سرطان

癌症

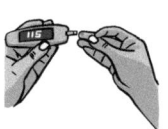

ديابت

糖尿病

جراح

外科醫師

چاقوی جراحی

手術刀

عمل جراحی

手術

سی تی اسکن

電腦斷層掃描

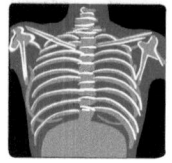

پرتونگاری

X光

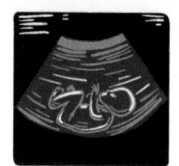

سونوگرافی

超音波

ماسک صورت

口罩

بیماری

疾病

اتاق انتظار

候診室

چوب زیر بغل

拐杖

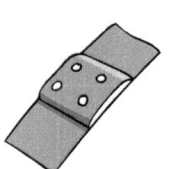

چسب زخم

石膏

پانسمان

繃帶

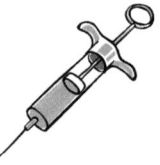

تزریق

注射

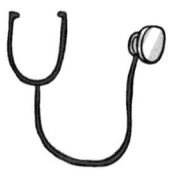

گوشی طبی

聽診器

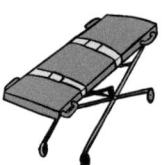

برانکار

擔架

دماسنج

體溫計

زایش

出生

اضافه وزن

超重

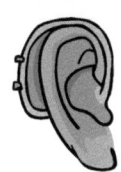

سمعک

助聽器

ماده ضد غفونی کننده

消毒液

عفونت

感染

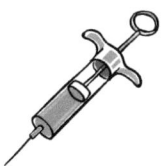

ویروس

病毒

اچ آی وی / ایدز

愛滋病

دارو

藥物

واکسیناسیون

接種疫苗

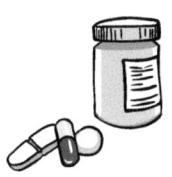

قرص

藥片

قرص ضد حاملگی

藥丸

تماس اظطراری

急救電話

دستگاه اندازه گیری فشارخون

血壓計

مریض / سالم

生病/健康

موقعیت اضطراری

緊急情形

کمک!

救命！

آژیر خطر

警報

حمله

突擊

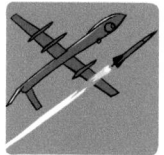

حمله ی فیزیکی

攻擊

خطر

危險

خروج اظطراری

緊急出口

آتش

失火了！

کپسول آتش نشانی

滅火器

تصادف

意外

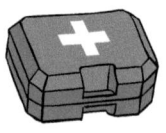

جعبه کمک های اولیه

急救箱

درخواست کمک

呼救訊號

پلیس

員警

اروپا

歐洲

آمریکای شمالی

北美洲

آمریکای جنوبی

南美洲

آفریقا

非洲

آسیا

亞洲

استرالیا

澳洲

اقیا نوس اطلس

大西洋

اقیانوس آرام

太平洋

اقیانوس هند

印度洋

اقیا نوس اطلس جنوبی

南冰洋

اقیانوس منجمد شمالی

北冰洋

قطب شمال

北極

قطب جنوب

南極

قاره قطب جنوب

南極洲

كره زمين

地球

سرزمين

陸地

دريا

海

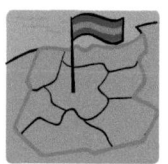

جزيره

島

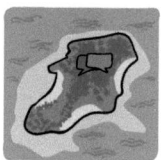

ملت

國家

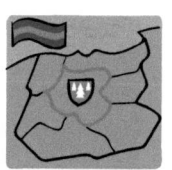

كشور

州

ساعت

鐘錶

صفحه ی ساعت

鍍盤

ساعت شمار

時針

دقیقه شمار

分針

ثانیه شمار

秒針

ساعت چند است؟

現在幾點？

روز

天

زمان

時間

اکنون

現在

ساعت دیجیتال

電子錶

دقیقه

分

ساعت

時

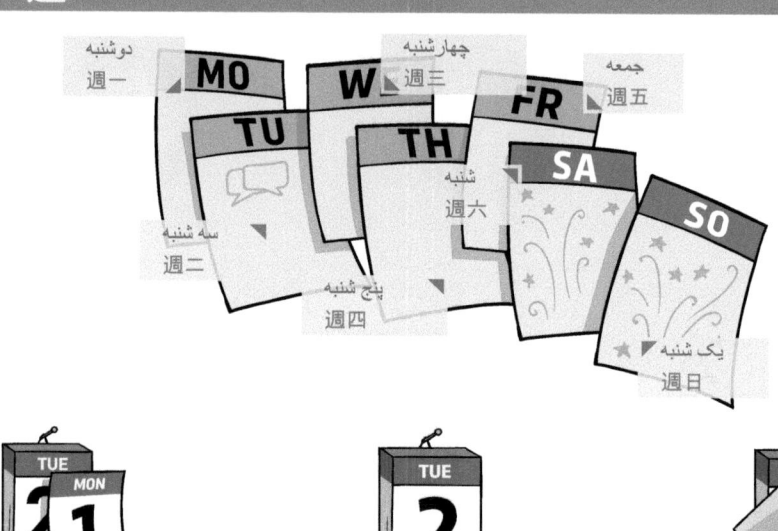

هفته

週

دیروز

昨天

امروز

今天

فردا

明天

صبح

早晨

ظهر

中午

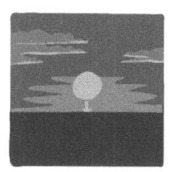

غروب

晚上

روزهای کاری

工作日

آخر هفته

週末

سال
年

رنگین کمان
彩虹
باران
雨
باد
風
برف
雪
بهار
春
پاییز
秋
تابستان
夏
زمستان
冬

پیش‌بینی اوضاع جوی

天氣預告

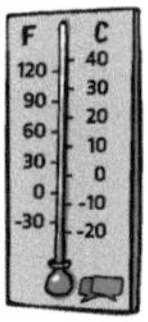

دماسنج

溫度計

تابش آفتاب

陽光

ابر

雲

مِه

霧

رطوبت هوا

潮濕

صاعقه

閃電

آسمان غره

打雷

طوفان

風暴

تگرگ

冰雹

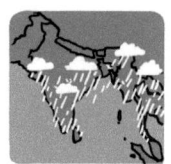

باد موسمی

季風

سیل

洪水

یخ

冰

ژانویه

一月

فوریه

二月

مارس

三月

آوریل

四月

مه

五月

ژوئن

六月

ژوئیه

七月

آگوست

八月

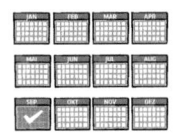

سپتامبر

九月

اکتبر

十月

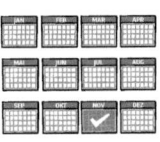

نوامبر

十一月

دسامبر

十二月

آشکال

形狀

دایره

圓形

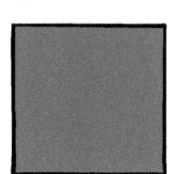

مربع

正方形

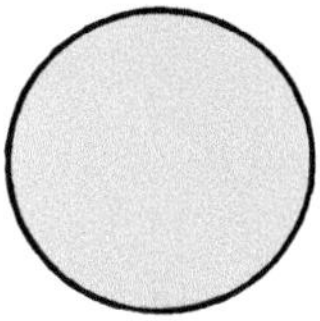

مستطیل

長方形

سه گوش

三角形

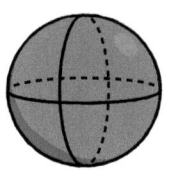

کُره

球體

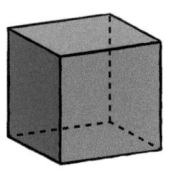

مکعب مربع

立方體

رنگ ها

顏色

سفید

白

زرد

黃

نارنجی

橙

صورتی

粉

قرمز

紅

بنفش

紫

آبی

藍

سبز

綠

قهوه ای

棕

خاکستری

灰

سیاه

黑

متضاد ها

反義詞

خیلی / کم

很多/少許

خشمگین/ آرام

生氣/平靜

زیبا / زشت

美/醜

شروع / پایان

首/尾

بزرگ / کوچک

大/小

روشن / تیره

明/暗

برادر / خواهر

兄弟/姐妹

تمیز / آلوده

乾淨/骯髒

کامل / ناقص

完整/缺失

روز / شب

白天/晚上

مرده / زنده

死/生

پهن / باریک

寬/窄

قابل خوردن / غیر قابل خوردن

可食用/非食用

غضبناک / مهربان

邪惡/善良

هیجان زده / بی حوصله

興奮/無聊

چاق / لاغر

胖/瘦

اولین / آخرین

第一/最後

دوست / دشمن

朋友/敵人

پر / خالی

滿/空

سفت / نرم

硬/軟

سنگین / سبک

重/輕

گرسنگی / تشنگی

餓/渴

مریض / سالم

生病/健康

غیرقانونی / قانونی

非法/合法

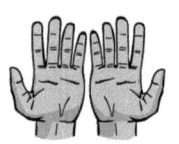

باهوش / خنگ

聰明/愚笨

چپ / راست

左/右

نزدیک / دور

近/遠

نو / استفاده شده

新/舊

هیچ چیز / چیزی

沒有/有些

پیر / جوان

老/幼

روشن / خاموش

開/關

باز / بسته

打開/闔上

آهسته / بلند

安靜/吵鬧

ثروتمند / فقیر

富/窮

درست / غلط

對/錯

زبر / صاف

粗糙/光滑

غمگین / خوشحال

傷心/高興

کوتاه / بلند

短/長

کند / تند

慢/快

تر / خشک

濕/乾

گرم / خنک

溫暖/涼爽

جنگ / صلح

戰爭/和平

اعداد
數字

0

صفر

零

1

یک

一

2

دو

二

3

سه

三

4

چهار

四

5

پنج

五

6

شش

六

7

هفت

七

8

هشت

八

9

نه

九

10

دَه

十

11

یازده

十一

12

دوازده

十二

13

سیزده

十三

14

چهارده

十四

15

پانزده

十五

16

شانزده

十六

17

هفده

十七

18

هجده

十八

19

نوزده

十九

20

بیست

二十

100

صد

百

1.000

هزار

千

1.000.000

میلیون

百萬

زبان ها

語言

انگلیسی

英語

انگلیسی آمریکایی

美式英語

چینی ماندارین

普通話

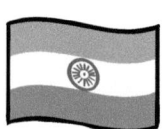

هندی

印地語

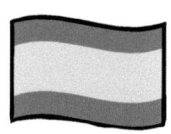

اسپانیایی

西班牙語

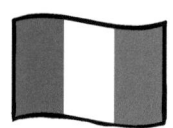

فرانسوی

法語

عربی

阿拉伯語

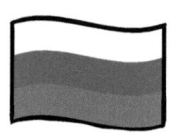

روسی

俄語

پرتغالی

葡萄牙語

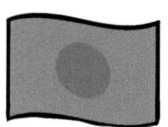

بنگالی

孟加拉語

آلمانی

德語

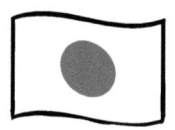

ژاپنی

日語

چه کسی / چه چیزی / چگونه
誰/什麼/如何

من

我

تو

你

او

他/她/它

ما

我們

شما

你們

آنها

他們

چه کسی؟ کی؟

誰？

چی؟

什麼？

چگونه؟

如何？

کجا؟

何處？

کِی؟

何時？

نام

名字

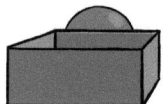

كجا

方位

پشت

後面

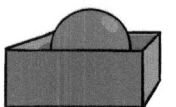

توی

裡面

جلو

前面

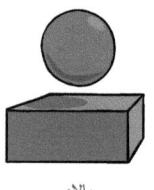

بالای

上方

روی

上面

زیر

下麵

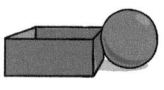

مجاور

旁邊

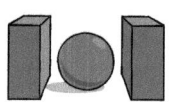

بین

中間

مکان

地點